NEIM FOTSO

LES INSTANTS FRAGILES
Introspection

ISBN : 978-9956-0-9838-5

LES INSTANTS FRAGILES
Introspection

<u>Du même auteur</u>

- *Dans les parvis du cœur*
- *La relation affective serait-elle au fondement de l'échec scolaire chez les jeunes ?*
- *L'éthique de la réussite scolaire en 7 chapitres*

Editions Tig

Bp 152 Bangangte
Téléphone : 00237 693 553 904
E-mail : tig.editions@gmail.com

www.tig-books.com

À

Tous mes oncles, André Cheunteu, Guemegne Jean-Pierre et Djom Ferdinand, merci infiniment pour le soutient multiforme. Vous avez chacun une place particulière dans mon cœur.

Préface

L'Homme, dans la philosophie freudienne, se définit par les actes manqués qui sont la manifestation de l'Inconscient parce qu'il n'est pas toujours maître de ses décisions .Cette acception justifie en partie les mouvements psychiques et les dérives sociales dénués de jugement et de raison. En effet, la connaissance empirique à l'origine de cette croyance révèle la fragilité de l'homme devant les passions qui le dépossèdent de sa raison. C'est ce que tente de démontrer NEIM FOTSO dans ce florilège de 52 poèmes qui expose les faiblesses de l'Homme devant la passion amoureuse, la religion, l'angoisse existentielle, etc. Entre lassitude et lutte, l'auteur examine le conflit permanent entre l'homme et lui-même avant d'analyser froidement les rapports aussi bien conflictuels qu'harmonieux entre le Moi et l'alter ego   qui apparait tantôt comme   un « loup » tantôt comme un duplicata. On peut ainsi lire « M'interroges-tu par ton regard ? /Bien agir, pour moi, pour l'autre » dans le poème **Le regard d'autrui**. Cette ambivalence fait d'autrui une âme sœur, un miroir qui me permet de me découvrir et de me soigner mais aussi un danger pour ma survie, un tissu de secrets.

Les instants fragiles est une interrogation voire une mise en examen des convictions, des croyances et des connaissances empiriques de notre société en pleine mutation où les guerres, les crimes et les dérapages de toute sorte dessinent les limites de la raison. Spécialiste du ver qui allie poésie et philosophie, le poète questionne le sens de l'existence, les croyances et les théories de la connaissance élaborées jusqu'ici par le théoricien de la pensée moderne.

Faut-il entendre par ***Les instants fragiles*** la somme des échecs, des faiblesses, des chutes et des manquements de l'homme ? Le lecteur découvre, en lisant l'ensemble des poèmes, que derrière la robuste apparence et l'arrogance de l'homme se cache un cœur fragile qui succombe aux assauts de la passion loin de la raison moralisatrice. Aussi, il découvre que le temps coule avec nos jours dévoilant la finitude de l'Homme et la vanité de la vie, une vie assombrie par la haine, la douleur et la nostalgie. S'inscrivant dans la logique des romantiques tels Lamartine et Hugo, le poète considère le temps comme le pire ennemi de l'homme, celui qui l'arrache avec cruauté aux courts instants de bonheur d'une vie de tourments ; toute chose qui justifie la réception du présent recueil. Le texte liminaire **Hic et nunc**, en plus de montrer la prééminence de la passion envoutante sur la raison, augure déjà cette problématique du temps invitant l'homme à savourer les instants de bonheur que lui offre la vie. Siège des pulsions, le Ça est la raison d'être des dérapages de l'homme sous le diktat de l'émotion. Par ailleurs, l'amour s'avère source de vertus au-delà des douleurs qu'il inflige. S'il est par essence déraison et folie, l'amour se trouve en tout et partout, ce qui lui offre une multitude de canaux d'expression (gestes, sourire, silence, regard, colère, etc.) et fait de la nature et du temps ses éternels témoins.

Dans une description introspective, par le truchement de la méthode cathartique, le poète exerce le pouvoir libérateur de la poésie pour soulager une existence pleine de ressentis à travers l'exaltation de la splendeur féminine et l'attachement à la terre natale. Dans cette cure par la parole, il invite l'esprit bienfaisant, l'esprit saint capable de doter l'homme de la force nécessaire pour résister à la pressante perversion de la passion dans le poème **Pentecôte sur nous** : « Descente de l'esprit saint ». Toutefois, NEIM FOTSO propose une orientation nouvelle qui épouse la pensée épicurienne du juste milieu dans ce conflit qui oppose la raison à la passion. Dans une complémentarité qui les sépare sans les dissocier comme le yin et le yang, la raison et la passion sont deux facultés humaines assurant chacune des fonctions essentielles à la survie de l'espèce humaine.

Nti PEN

Hic et nunc

Ici et maintenant
Le moment du moment
Plus proche du temps
C'est le moment que j'attends

Manifeste-toi, pulsion
Rebondis, émotion
Prend place, passion
Attention, raison

Pourtant je pense
Mais, c'est immense
Je regarde et j'envie
C'est toi pour la vie

Maintenant ça déclenche
Parce que là, plus de carence
Je m'y penche
Et j'entre en transe par ta présence

Je pense et je regarde
J'aime et je contemple
J'admire et je provoque
Je souris et je m'évade

Le regard d'autrui

M'interroges-tu par ton regard ?
Veux-tu que je change ?
Suis-je à la hauteur de ce regard ?

Me méprises-tu ?
M'envies-tu ?
M'interpelles-tu ?

Quel regard menaçant !
Quel regard aliénant !
Quel regard transformateur !

Ho, sacré Sartre
Héritage existentiel
Maitre du « pour-soi »

Je me déclare libre
Dans mes *mots*, par ma raison, pas de *Mur*
Je suis au service de la muse

Liberté, liberté et responsabilité
Bien penser, penser libre
Bien agir, pour moi, pour l'autre

Au principe de la convivialité
L'action salvatrice
Par ton regard je me révise

Mon thermomètre

Toi, muet et stable,
D'une ligne jaunâtre dans un métal transparent,
Maniable à guise,
Vrai informateur.

Dis-moi si c'est normal,
Dis-moi si je peux sentir le mal,
Dis-moi que je suis bien,
Dis- moi, que je ne craigne rien.

La dose me déborde
L'expression me manque
A la fois, j'ai chaud et j'ai froid
Quelle information ? Vrai informateur

Suis-je amoureux ?
Suis-je fiévreux ?
Suis-je anxieux ?
Quelle information ? Vrai informateur

Le ça

Inconscient, trompeur
Maitre des ordres
Partie pulsionnelle de mon psychè
Siège des plaisirs et des désirs

Le ça en moi
J'explose, je déborde
Je désire
Je suis esclave

A tort ou à raison ?
Peu importe
Je consomme, je jouis
Je suis inconscient, peu importe

Freud, Freud, mon médecin !
Zéro psychanalyse
Tu vas m'en vouloir, mais c'est elle, elle
me déroute
Mon cœur pour elle, le ça prend place

Sur les ailes de mes pulsions
Je chante ce que je ressens
Même si je suis animal et spontané
Je m'écoute, j'aime, c'est ça qui compte

L'introspection

Dans mon fond intérieur,
Je m'interroge !
Qui suis-je réellement ?

Silence intérieure
Vide en moi
Je suis moi, rien que moi, seulement moi

Les yeux fermés
La raison ouverte
La pensée en action

Qui sont les habitants de mon cœur ?
Quel impact ont-ils sur ma vie ?
Qu'est-ce qu'ils méritent en retour ?

Dois-je être ou paraitre ?
L'important c'est mon caractère ou ma
réputation ?
Qu'est-ce qui compte pour moi ?

Salut Descartes ! Oui maître,
Ma conscience me parle
Je me juge, vais-je me condamner ?

Mes actes, mes peines, mes douleurs,
J'accepte et je vis !
J'ouvre les yeux, et je continue

L'union des âmes

Rencontre parfaite
Conjonction sans défaite
Assemblage d'idée
Oui ! Symbiose !

Au-delà du visible
Rien à passer au crible
La merveilleuse cible
Oui ! Adéquation !

L'âme sœur
Petit cœur
Chaire de beurre
Oui ! Accord !

Justesse convenance
Pure concordance
Bonne congruence
Je rejette ma pétulance

Du corps à l'âme
De l'âme au corps
Irrésistible homogénéité
Je me vois et je me définis en toi.

Les secrets

Ils abondent en toi
Ils sont comme une force motrice qui t'agite
Tu les gardes pour moi
Je sais, oui je sais

Je ne les connais pas
Ta raison et ton cœur restent les seuls à
connaitre
Ils m'intéressent, mais hélas !
Tes secrets, oui tes secrets

Sont-ils pour moi ou contre moi ?
Puis-je m'en réjouir ?
C'est dur de te savoir plein de secret
C'est dur, oui c'est dur

Et moi, j'aime naïvement
Sans réserve aucune
Je vis autour de plaisir et chagrin
Sans secret, oui sans secret

L'amour avec secret est instable
Bien que omniprésent, les secrets
altèrent la passion
Les secrets décolorent l'amour
Les secrets polluent en silence.

Pas besoin

Je sais tout ce que tu penses que je sais
Oui, je sais
Je sais pour toi, je sais pour moi
J'ai su avant, je sais maintenant

Pas besoin de parler
Pas besoin de crier
Pas de besoin de formuler
Pas besoin, je sais tout

Je sais que tu m'aimes
Que je te dégoute parfois
Que tu doutes de moi
Pas besoin, je sais tout

Je sais que tu es tendre
Que ton amour est immense
Que ma voix te tue
Pas besoin, je sais tout

Je sais que mes doigts audacieux te rendent folle
Surtout quand je suis prêt à te traverser
Je sais que mes mots t'emportent quand tout est
calme
Pas besoin, je sais tout

Je sais que mes proches te parlent
Ils te découragent
Mais prend courage
Pas besoin, je sais tout

Je sais que tu penses quand tu es seule
Tu penses à notre rencontre
Tu penses à notre séparation
Pas besoin, je sais tout

Je sais que tu aimes les voyages
Que tu aimes la lecture et la conduite
Que tu aimes ma compagnie, mes faits et mes
gestes
Pas besoin, je sais tout

Chou, je sais tout
Boubounette, tu sais que je sais
Choupompom, qu'est-ce que je ne sais pas
Pas besoin, je sais tout

Heureux de savoir que je sais
Heureux de te savoir mienne
Heureux de partager mon existence
Heureux pour tout, je suis heureux

Caravane pour les jambes

Au nom des envies et des passions
Sous les ordres de nos instincts
Tout joyeux et têtes hautes
Nous sommes en caravane pour les jambes

Tous pour les jambes
Chacun pour sa passion
Les envies débordent
le défoulement s'impose

Ha ! Qu'elles sont coquettes
Que la caravane sera belle
Que les filles sont attirantes
Alors, que les jambes en l'air commencent

Dans une cacophonie de cris et de douleurs
Au rythme du Kâmasûtra indien
Vive la caravane
L'amusement du siècle

Rien à interdire
Le ciel ouvert, le plaisir dans le péché
Oh, oui, non, encore
Voilà le chant de la caravane

Que d'énergie ! Ils sont vigoureux

Changement d'orientation et de position
Tremblement des jambes
Place à l'armistice sexuel

Voilà le repos tant évité, les jambes baissent
Les regards de honte et presque de regret
Le fait est déjà
Que faire ? Voilà la caravane !

Adolescente ou maman
(A toi Negue Marie-thérèse)

La femme,
Premier poème de Dieu,
Fleur du jardin existentiel,
Adolescente ou maman, c'est pareille.

Toi ici, toi là-bas, toi partout
Tu es femme
Tu es adolescente
Tu es maman

Le même sentiment
Le même amour
La même affection
La même fragilité

Adolescente ou maman
Puberte ou mature
Petite ou grande
Célibataire ou mariée

Avec la parole qui rassure
Le cœur et le corps disposés
Le regard qui interpelle
Le sourire qui redonne vie

Quel monde sans toi ?
Quel véritable bonheur sans toi ?
Quelle vie sans toi ?
Quel vibrant plaisir sans toi ?

Délicate créature !
Sel du monde !
Que ta joie soit contagieuse
Que ton passage inspire

Que ta présence soit une bénédiction
Pour toi j'écris
Pour toi je chante
Pour toi, oui pour toi

La raison sous le cœur

La raison pour penser
Le cœur pour aimer
Les deux pour le bonheur

J'aime,
Mon cœur en action
Ma raison en marge

Je perds ma raison en amour
Le cœur incapable de penser
Je me perds

Ma raison m'impose la logique et la
compréhension
Mon cœur est chargé de sentiment,
d'affect et de compassion
Pourtant je veux aimer

Pour l'amour
Toi raison, sœur cadette du cœur
Le cœur, chef d'orchestre d'amour

Chacun dans son rôle
L'amour partout
Vérité pour tous

Ta beauté dans la nuit

Nonobstant son effort graduel
La nuit insiste comme pour faire un duel
Ta beauté persiste et combat l'obscurité
J'admire la guerre des contraires

Le défi est visible
Ta beauté est invincible
Je contemple ma cible
D'une attention terrible

Dans la nuit tu es plus douce
Dans la nuit tu es plus tendre
Dans la nuit tu es plus calme
Dans la nuit tu es plus attentive

Ta beauté dans la nuit est atypique
Dans le silence absolu, ta voix basse me fait
décoller
Dans la nuit noire, j'aime classifier les parties de
ton corps
Dans la nuit, ta beauté me dit tout

Décidément, tu es belle quand tout est sombre
Quand mes yeux ne peuvent plus te voir
Quand je te vois avec le cœur

Quand je te connais avec mes doigts

Toi
Oui toi
Encore toi dans la nuit
Toujours toi à l'aube

Le prolongement de l'aube

Ta tête sur ma poitrine
Mes doigts sur ta peau
Nos respirations rythmées
Nos idées croisées

Le cri des oiseaux de l'aube
Les premiers mouvements du matin
Un léger vent frappe mes tallons
Je me réjouis de de notre position

Je vois le jour venir
Mes obligations me réclament
Mon corps te réclame plus
Et mes gestes disent l'intention

En tenue d'Adam et Eve
Nous nous touchons dans les sens
Puis, dans les mouvements d'aller et retour
contrôlés
Nous prolongeons l'aube

Mon identité

Je suis une personne, un homme
Un homme aimé, un homme qui aime
Je suis l'amour des personnes
J'aime des personnes

Le suis le fruit de l'amour
Je suis le précieux qui jaillit d'une rencontre
Je suis la fleur qui embelli les vies
Je suis le chant qui adouci les cœurs

Le suis les mots qui réconcilient des personnes
Je suis l'instrument de paix
Je suis la douceur qui abaisse les tensions

Je suis la charité dont tu as besoin
Je suis le pardon qui te manque
Je suis l'onction qui te marque d'amour
Je suis le délicieux charme qui intéresse ton
cœur

Je suis d'une culture
Je suis d'une lignée
Je suis d'une époque
Je suis africain

Je suis ton cogitatum
Je suis ta définition
Je suis aussi la valeur que tu me donne
Je suis ton l'alter ego

L'alter ego

Tu es l'autre moi
Tu es comme moi
Tu es différente de moi
Tu es l'alter ego

Tu es ce que mon cœur est pour moi
Tu es l'objet principal de ma passion
Tu es mon prolongement
Tu es l'alter ego

Tu es ce qui fait mon admiration
Tu es ma définition
Tu es la chaire de ma chaire
Tu es l'alter ego

Tu es le moi incarné
Ce qui fait ma fierté
J'aime ta proximité
Tu es l'alter ego, ce que le moi-pure désire

J'avoue, je te connais peu
Je sais, tu peux parodier et changer
Quoi qu'il en soit je te préfère
Tu es l'Etre merveilleux, l'alter ego

L'amour métaphysique

Au-delà du ressentir et du plaisir
Au-delà du toucher et du baiser
Au-delà des mots et des gestes
L'amour vie et règne

Sentiment intense
Moment agréable
Affection profonde
Tu es transcendant et permanent

Tu es extraordinaire
Tu es subjectif et collectif
Tu es invisible et visible
Tu es le principe de vie

Tu es le petit qui porte l'infiniment grand
Tu es ce qui révolutionne
Tu es ce dont l'absence et le contraire sont
redoutables
Tu es la plus grande arme qui décime la haine et
instaure la paix

Amour par de-là tout
Amour dans les cœurs
Paix entre les hommes
Joie pour tous

Dans les parages

L'amour bat son plein
Tout autour de nous est tremplin
Nous sommes loin des pétrins
Et nous nous regardons autour d'un vin

Les oiseaux nous regardent
Les arbres nous abritent
Les passants nous contemplent
Et c'est notre chance

Dans les parages c'est l'influence
Chez les autres c'est du miracle
Pour la nature c'est la norme
Et pour nous c'est le comble

C'est vrai que nous sommes indécis
Et rien n'est interdit
Vive le message du regard
Et tout est à part

Gestes spectaculaires

Toi, petite dans une robette rouge
Tes tresses qui versent sur tes boucles
Ton teint qui absorbe les regards
Ta présence qui fait l'objet d'égard

Ta taille modeste
Ton buste frappant
Ton parfum agréable
Tes bijoux de luxe

Je te regarde toute belle
Je médite sur tes gestes
J'admire le dessin divin
Et je redis ma prière

Si tu fais ci, je ne tiens plus
Si tu fais ça, je deviens fou
Alors si tu fais comme ça, je deviens
autre chose que moi
Tes gestes sont spectaculaires

À cause d'un sourire

Tout change
Tout bouge
Tout resplendit
A cause d'un sourire

Je me sens vivre
Je me sens renaitre
Je suis heureux
A cause d'un sourire

La vie est rose
La vie se décline
La vie donne sens
A cause d'un sourire

Sourire resplendissant
Sourire fleurissant
Sourire parmi les sourires
Divin sourire

Je garantis mes nuits
Je vais au-delà de moi
Je me rêve
A cause d'un sourire

Tout doux
Tout heureux
Tout naïf
A cause d'un sourire

Douloureuse passion

Esclave de mes passions
Prisonnier de mes émotions
Au-delà de mes affections
Je me condamne et je frissonne

Je porte mon choix sur l'erreur
J'ai transporté ma passion vers la peur
J'ai opté pour ce qui ne demeure
Je m'en veux et je pleure

J'ai aimé avec exagération
Je me suis donné sans réservation
Je déteste ma passion
Je suis abattu et sans voix

Difficile à compenser
Dure à surmonter
Rare à trouver
Je me mortifie et fond

Dommage !
Quel ravage !
Le mal fait rage !
Ma passion est douloureuse

Tout différent

J'ai tout vu
J'ai tout touché
J'ai tout aimé
Mais chez toi tout est différent

Je me suis laissé aller
Je tout donné de moi
J'ai beaucoup joué
Mais chez toi tout est différent

J'ai vu des filles passer
J'ai vu des cuisses blondes
J'ai vu des formes rondes
Mais chez toi tout est différent

Des yeux m'ont regardé
Des doigts m'ont caressé
Des corps ont contrôlé ma température
Mais chez toi tout est différent

Des bouches m'ont parlé
Des faces m'ont donné un sourire
Des yeux m'ont envoyé des signaux
Mais chez toi tout est différent

Des pensées m'ont pensé
Des mémoires m'ont mémorisé
Des plumes m'ont taché
Mais chez toi tout est différent

Divine créature
Chef-d'œuvre
Que mon cœur soit audacieux
Que ma langue confesse la réalité

Pas sans toi

Dans cette vie
Je nie la sollicitude
Je vie la communauté
Toujours avec toi

Je vie les tortures
Je vie la trahison
Je vie le martyre
Toujours avec toi

J'irai vers les étoiles
Pour dire la longueur du bonheur
Pour redire la lueur d'espoir
Toujours avec toi

Je vais donner au monde le meilleur
Je vais enseigner l'altruisme
Je vais rester près des nécessiteux
Toujours avec toi

Nous irons là-bas
Pour dire l'amour
Pour redonner vie à nous même
Pour chanter ce que nous sommes

Toujours avec toi
Toujours avec ce que je me suis promis
Toujours regarder l'avenir
Jamais sans toi

Les preuves

Si tu veux vraiment savoir,
Alors sois attentive
Tu dois normalement savoir
Sauf que c'est caché

Je suis amoureux,
C'est vrai
Où sont les preuves ?
Oui, où sont-elles ?

Dans mes yeux ?
Comment le vois-tu ?
Sur ma face ?
Je pense j'ai bonne mine !

Dans mes gestes ?
Ils ne sont pas objectifs.
Dans mon cœur ?
Comment le vois-tu ?

Ah ! Les preuves.
En votre absence, c'est le doute
En votre présence, c'est encore le doute
Patience, patience, patience.

Quand je suis heureux, je sais que j'ai les
preuves
Si j'ai les preuves, alors j'ai tout
Avoir tout sans les preuves
C'est se donner sans conviction.

L'amour fait les choses

Au moment où je veux être moi-même
Au moment où je veux me donner des vacances
Quand je décide d'être tranquille
L'amour surgit et agit

Il me hante
Il me déclenche
Il m'enchante
Mais aussi, il me rend dépendant

Je veux être libre, mais il me prend en charge
Je veux être autonome, mais il prend une partie
de moi
Il ferme mes yeux sur tout
Il paralyse ma faculté de juger

Il me rend dépendant d'un jeu d'excitation et de
réaction
Il crée en moi la fixation
Il absorbe toute mon attention
Il fait de moi son ambassadeur auprès de l'âme
sœur

L'amour, l'amour, l'amour,
Suis-je ton instrument ?

Qu'as-tu fais de ma raison ?
L'amour en moi et moi ailleurs

Trop de joie trop de douleur

Je suis triste
Je suis anxieux
Je suis furieux
Mais je suis heureux

Entre amour et souffrance
Entre joie et douleur
Entre plainte et haine
Je m'identifie et je suis heureux

Dire je t'aime et recevoir la peine
Toucher et être repousser
Admirer et tourner le dos
Je me reconnais et je suis amoureux

Le sourire sincère, pour dire le fond
Le sourire hypocrite de l'autre, en guise de
réponse
Le mélange du vrai et du vraisemblable
Je définie et je reste amoureux

Aimer sans rien attendre en contrepartie
Se donner en étant convaincu
Se laisser pêcher et flécher
Voilà l'amour fou

J'envoie des signaux

Par mon regard
Par ma voix
Par mes gestes
J'envoie des signaux

Pour toi belle amie
Pour toi amour fou
Pour toi ma précieuse
J'envoie des signaux

Es-tu à la hauteur ?
Es-tu capable de voir ?
Peux-tu recevoir ces signaux ?
J'insiste

Les yeux parlent !
Le corps confirme !
Le cœur réagit !
Et j'envie les signaux

Considération
Amour
Sensibilité
J'envoie les signaux

Les envies involontaires !

Contenir est un défaut
Ressortir c'est être gourmand
Dire c'est tout faire
Faire, est- ce bien faire ?

Les envies que je ne maîtrise pas
Les pulsions qui brûlent en moi
Ma passion m'appelle
J'ai des envies involontaires

Tout brûle en moi
Tout est flamme
Je me réclame fort
J'ai des envies involontaires

Des envies qui me contrôlent
Des envies qui agissent en moi sans moi
Des envies qui me déchirent
J'ai des envies involontaires

Dehors !
Faites le possible !
Je reste moi
Et mes envies sont en moi

À toi chérie jacky
(Tes petits-fils t'aiment)

Reine mère
Descendant de Ma'a beu wa'amen
Fille de Ma'a Nyadjam
Femme de Nguinbu

Mon inspiratrice par excellence
Créature forte et vecteur de vie
Je bénis le ciel pour le don merveilleux
Et je me réjouis de faire partie de toi

Tu connais l'endurance
Tu as connu la peine
Tu as croisé les vicissitudes de l'existence
Mais tu as fait preuve de courage

Nous tenons notre sagesse de toi
Nous tenons nos diplômes de toi
Nous nous rappelons de tes mets
Et nous t'aimons en dehors des raisons

Ton sourire n'est pas pareil aux autres
Tes gestes sont atypiques
Tes décisions sortent de l'ordinaire
Nous nous y plions comme des disciples

Un peu de toi en nous
Un peu de nous en nos enfants
Donc, nous sommes toi
Chérie Jacky

La main sur le cœur
La reconnaissance est forte
Les mots commencent à ne pas suffire
Et Neim continue à parler

Jacky de tous les temps
Jacky de ma vie
Le Ciel parlera en ta faveur
Et tu resteras aussi longtemps pour nous

Les voies sans issue

Pris dans les impasses,
Je doute de tout
Je ne sais où aller
Les voies sont sans issue

Mes pensées sont vides
Ma raison ne m'aide plus
Mes forces faiblissent
Je vais dans tous les sens

Au secours !
Je quémande un chemin
J'implore l'orientation
Mes voies sont sans issue

Je suis vide
Je suis dupliqué
Je suis déboussolé
Mes voies sont sans issue

Je suis à bout de souffle
A force d'imaginer je m'évade d'avantage
Le néant me hante
Mes voies sont sans issue

Je suis près de l'abîme
Pitié ! À mon aide
Je n'en peux plus
Aimer, c'est douloureux

Le bruit des larmes

A cause de tes erreurs insupportables
Je reste des heures à y penser
Je révise mes actes
Je peine à supporter

Voilà que je te regarde
Je pense à tes bévues
La colère devient exponentielle
Et je m'abats involontairement

Je continue à te regarder
Mon cœur interroge tes actes
Ma main veut te parler
Mes yeux trahissent ma faiblesse

Toujours à te regarder
Mes yeux larmoyants
Mon rythme cardiaque augmente
Je deviens tout petit

Ne pouvant supporter
A force d'accommoder
Voilà qu'elle a débordé
Et elle coule

Supportes-tu me voir pleurer ?
Sais-tu ce que les goutes expriment ?
Ecoutes-tu le bruit des larmes ?
L'homme saigne par les yeux

Renaissance

Etre nouvelle personne
Se redéfinir
Etre et paraître de nouveau
C'est ma renaissance

Faire tomber mon masque d'autrefois
Cultiver l'harmonie
Etre au service des autres
C'est ma renaissance

Au milieu des autres
Etre différent
Par une joie contagieuse
C'est ma renaissance

Renaitre pour parler
Renaitre pour aimer
Renaitre pour aider
Renaitre pour plaire si nécessaire

Renaitre pour le monde
Renaitre pour dire le monde
Renaitre pour accepter le monde
Renaitre pour aimer le monde

C'est ma renaissance
Celle de tous les temps
Loin de la médiocrité
Plus proche du but

Je perds le courage

Toi, femme
Au couleur de la flamme
Mon rêve d'entame
Se noie dans mon âme

Sublime et mystérieuse
Pour moi tu demeures précieuse
Dommage si tu n'es pas curieuse
J'ai l'impression que tu restes fâcheuse

Objet de contemplation
Source d'admiration
Je bénis ta création
C'est elle qui motive mon appréciation

De loin, je t'observe
Je peine à avoir une vision brève
Je me dis c'est un mirage
Parfois je veux tout te dire, mais je perds le
courage

Ma confiance est insuffisante
Ma foi est grande
Mon courage est chétif
Que le ciel nous garde

Ce que je me suis promis !

Rien n'a marché
Tout a chamboulé
Je suis resté tassé
Mais rien à faire

Tu as cru m'instabiliser
J'avoue tu as réussis tes imbécilités
Que je fasse place à mes secrets
Nul doute, Je vais réussir mes projets

Ce que je me suis promis
Oui ! Rien que ça
Surtout ne pas regarder en arrière
Je suis meilleur et je le sais

Echec de vie, leçon de vie
Je sais, ta vision est énorme
Mais tu es attaché au profil
C'est ta plus grande honte

Moi, ton imminent forfait
Par moi, tu plongeras dans le regret
Je me suis promis réveil et prospérité
Je déplore, tu es encore en quête de maturité

J'ai compris ce que tu comprendras plus tard
J'ai subi ce que je ne te souhaite pas
J'ai vu ce que tu verras difficilement
Et je vais faire et réussir ce qui laissera sans
voix

Le mot et la chose

Le mot désigne la chose
La chose charge le mot
Le mot est prononcé
La chose est vue

Dans le mot il y a la chose
Dans la chose il y a le mot
Le mot dit et la chose représente
Je dis le mot et je vis la chose

Dire aimer, est-ce aimer ?
Aimer, est-ce dire je t'aime ?
Dire sans faire et faire sans dire
La chose dans le mot et le mot dans la chose

Facile à dire le mot
Parfois difficile à faire la chose
Amour dit, amour fait
Pas pareil, pourtant des merveilles

Je suis affamé

L'estomac sous les talons
Je te veux, mon étalon
J'ai faim, mais pas du melon
J'ai faim, oui j'ai faim

J'ai faim de pensée juste
J'ai faim de bon argument
J'ai faim d'altruisme
J'ai faim de convivialité

J'ai faim d'amour
J'ai faim d'amitié
J'ai faim d'autrui
J'ai faim du Bien

Oh oh oh ! Pauvre affamé que je suis
A quand mon rassasiement ?
Vais-je donc rester affamé ?
Seigneur à mon secours !

Ma nourriture est rarissime
Ma famine persiste
Je reste chétif
Je risque trépasser

Plongé dans l'illusion
Je rêve à outrance
Je redis ma prière
Je fais l'essentiel

Pentecôte sur nous

Nous, les heureux de l'existence
Nous, les êtres concrets
Nous, les amoureux par définition

Recevons l'esprit qui fait notre unité
Recevons notre force commune
Recevons nos différents dons

Don du discernement
Don de la crainte de perdre l'autre
Don de rendre l'autre meilleur

Esprit de créativité
Esprit de bienveillance
Esprit d'amour

Que nous soyions meilleurs
Que nous vivions la joie des dons
Que nous transformions le monde

Fou de toi fou de moi

Dans un tourbillon de sentiment
Confus l'un de l'autre
Nous sommes fou tous les deux
Toi de moi et moi de toi

Fou de toi, j'assume
Toi, fou de moi, je vais m'y convaincre
La folie à nos portes, l'amour en nous
Et moi je suis fou de toi

Folie du siècle
Folie du couple
Folie de l'amour
Folie de chaque jour

Dans ma folie j'aime
Dans ma folie je me surpasse
Dans ma folie je fais des merveilles
Dans ma folie je communique le bonheur

Folie et amour
Folie et justice
Folie et paix
Folie et pardon

Je suis fou de toi, je dois faire mes
preuves
Si tu es fou de moi, tu dois avoir toutes
les preuves
S'il arrive que cette folie nous quitte,
alors la flamme de l'amour nous quitte
aussi

Ce que j'observe

A l'ombre dans un coin de chez moi
Voyant des Hommes aller et venir
Je reste en état pensif
Puis j'observe les mouvements pour
distinguer les particularités

Voilà qu'elle passe
Quand même différente des autres
Plus près de l'idéal
Mais faut-il jeter mon dévolu ?

Je vois une belle créature
Je vois une paire de belles jambes
Je vois une démarche sensée
Je remercie le grand architecte

Mais ! Je veux voir la femme
Je veux voir le respect incarné
Je veux voir la maturité personnifiée
Je veux voir le sens de la famille
représenté

Je veux lire le bonheur à travers elle
Je veux projeter la vie en rose

Je veux qu'avec elle je sois tout
Je veux qu'elle soit le prolongement de
mon être

Au lieu de regarder j'observe
Au lieu de toucher je pense
C'est vrai c'est à dessein
Le temps fera le reste

Tout de mous

Une vie, nous l'avons choisie
Le bonheur, nous nous le communiquons
Le respect, il nous est inouï
L'amour, nous l'avons compris

Nous sommes là
Nous nous disons presque tout
Nous nous échangeons aussi tout
Nous faisons tout presqu'ensemble

Tout de nous témoigne le Beau
Tout de nous est Vrai
Tout de nous converge vers l'ultime
destin
Tout de nous nous rend ce que nous
sommes

Au-delà de nous c'est encore nous
Plus proche de nous c'est ce que nous
avons choisi
Nous sommes en nous et au dehors de
nous
Tout de nous c'est nous même

Parler d'amour

Parler d'amour c'est parler de Dieu
Et l'Homme, qu'en est-il de toi ?
L'amour peut-il te définir ?
Malheureux être de haine.

Parler d'amour c'est parler du sentiment
Ne sommes-nous que sentiments ?
Ou alors nous sommes à l'opposé ?
L'Homme est énigme

Parler d'amour c'est parler du monde
La nature est-elle clémente ?
Descartes ! Spinoza !
Dieu est-il la nature ? Ou l'inverse ?

Parler d'amour c'est parler de tout
Tout est amour et l'amour est tout
L'amour englobe tout et est dans tout
Que d'amour pour tous

L'amour en plein air

Avec un vent doux
Le mouvement des feuillages
Le passage des hirondelles
Le son fin des profondeurs de la forêt

Nos regards parallèles
Nos pensées croisées
Nos corps proches
La nature avec nous

A qui le premier geste ?
Les envies sont pour nous une peste
Nous faisons semblant de résistance
Pourtant nous voulons des insistances

Et bien ; n'attendons plus
Vivons l'amour comme jamais
L'amour c'est tout, l'amour c'est nous
L'air en notre faveur

Je tire le premier, j'avoue !
Je reste dans tes bras
Les coucous chantent notre élévation
sentimentale
Et je réitère mes serments à ton oreille

Que c'est beau en plein air
Que c'est vrai
Que c'est juste
Que c'est bon

Le chant du cœur

Sachant compatir
Sachant haïr
Sachant aimer
Sachant supporter

Le cœur parle
Il formule les mots justes
Il s'adresse à l'âme
Et il dit vrai

Le chant du cœur révèle l'Homme
Le chant du cœur transmet l'émotion
Le chant du cœur réjouit l'âme
Le chant du cœur parle à grand mot

Il s'adresse à l'Homme pour lui parler de
l'Homme
Lui parler de ses habitants
Lui parler de ses débordements
Lui parler de ses défenses

Le cœur sait articuler
Mal entretenu, il parle
Mal compris, il se démarque
Non considéré, il s'impose

Par l'amour on peut l'atteindre
Par la haine aussi on peut l'atteindre
Il est accessible, il est autonome
En plus d'être responsable de la
circulation sanguine
Il est aussi le centre de nos « ressentir »

Le bonheur

Ta rareté m'inquiète
Ta particularité est d'un autre genre
Ton immensité est légendaire

Pourtant ta satisfaction est incomparable
Ton aide est immesurable
Ta présence est jouissance

Avec toi c'est le tout en un
Près de toi c'est la misère
Sans toi la vie devient des cris

Que faire pour t'attirer ?
Qu'aimes-tu ?
Quels sont tes exigences ?

Quand tu es là tout est là
Quand tu t'en vas tout s'en va
Les bonnes choses viennent de toi.

Les inoubliables
*(A toute la famille Chouna, aux souvenirs
inoubliables)*

Cadeau de l'existence
Surprise en abondance
Amour intense
J'aime votre présence

Au séjour agréable
Au souvenir inoubliable
Des personnes appréciables
Aux caractères remarquables

Sublime rencontre
Qui m'élève Par contre
A laquelle je dois toujours Répondre
Et que je me dois de reconnaitre

Vaillantes personnes
Cité de femme bonne
Et toi Falonne
Je te donne la couronne

Pour l'importance immense
Je décline mes attirances
Je sais c'est une chance

Je te jure Alliance

Force à nous
Amour pour nous
Nous sommes debout
Et jamais à bout

Le village de mon premier amour

Quelque part là-bas
Dans la région du soleil couchant
Entre Batoufam et Bandjoun
Se trouve le village de mon premier amour

Au relief multiforme
Au paysage admirable
Riche en site touristique
Peuplé d'Hommes influents

Là j'ai noué avec le merveilleux sentiment
Là j'ai connu ce qui condimente la vie
Là j'ai découvert la deuxième fonction de mon cœur
Là j'ai déclenché le processus d'amour

Bayangam le repère inoubliable
Je te tire la révérence
Précieuse matrice d'amour
Aux souvenirs inoubliables

Je bénis ta création
Je bénis tes ancêtres fondateurs
Je bénis ton action humaniste
Je bénis mon beau village

Le pouvoir du touché

Je désire te parler
Tu risques ne pas tout saisir
J'ai peur de recommencer
Je sais que tu vas t'abstenir

Je préfère te le dire autrement
En faisant usage de mon pouvoir
Mon pouvoir tout naturel et doux
Ma dernière carte chance

Que mon toucher arrive
Moins qu'un choc-mou
C'est mon pouvoir
Je l'exerce en toute responsabilité

Quel silence !
Que peux-tu dire de plus ?
Que je contrôle ta température
Et qu'enfin tu comprennes tout

Le message du toucher
Lui-même porte-parole de mes pulsions
Surtout ne pas retourner à la parole
Rien que des gestes

Les yeux fleuves

Voilà ma mort !
Regard accusateur
Visage d'ange
Avec les yeux fleuves

J'ai du mal à détourner mon regard
Je reste les yeux attachés à toi
J'imagine l'immensité de tes pensées
Je me ballade dans tes yeux

Que je me noie !
Là je serais sûr
Que pour toi j'ai tout donné
Que c'est par tes yeux que je suis parti

Pour avoir aimé au comble
Pour avoir regardé jusqu'à partir
Pour avoir franchi les limites de ton corps
Je confesse que l'amour est grand

La chaleur de l'ombre

A cause du soleil ardent
Je me retire près de toi à l'ombre
Je sais, je dois être prudent
Mais j'avoue que tu es si sombre

L'ombre nous favorise
De dos, j'apprécie ta ligne
Je me dis, je contrôle ton emprise
Mais hélas, tu as le goût des rares
friandises

De la chaleur du soleil à la chaleur de
l'ombre
La première chaude et la seconde douce
Tu me procures la chaleur à l'ombre
La chaleur dont l'excès reste toujours normal

Au-delà des temps forts
Je reste attentif à tous tes gestes
Tes conduites chargées de sens
Tes mouvements magiques qui meublent
l'instant

Aout à Bayangam

Dans la mouvance des récoltes
Aux rues chargées des vacanciers
Les routes garnies de trafic
C'est le mois des abondances

Chaque famille réunie au grand nombre
La joie retentie dans les concessions
Les championnats s'organisent
Des nouvelles relations se tissent

Les Eglises pleines
Les messes d'action de grâce en cascadent
Des nouveaux chrétiens du village font
irruption
Les chorales organisent des concerts

Aout à Bayangam
C'est la merveille
C'est les rencontres
C'est la célébration de la culture

C'est le mois des retrouvailles
C'est le mois de full vacance
C'est le mois des amours de passage
C'est Aout à Bayangam

Pas encore

Ne t'en presse pas
Va tout doucement
Assume tes gestes
Fais preuve de maturité

Ta responsabilité te l'impose
Tu vas plus loin c'est vrai
Mais aussi, tu vas vite
Prend le temps nécessaire

Il est ici interdit d'interdire
Tout est possible et permis
De l'extase en toute moralité
Mais avec du temps

Le temps qu'il faut pour nouer avec
l'amour
Le temps qu'il faut scruter ton corps
Le temps qu'il faut pour que tu sois prête
Le temps qu'il faut pour te convaincre

Pour elles

Pour vous les femmes on est prêt à tout
Pour vous on maudit les dieux
Pour vous on fait des erreurs
Pour vous on fouille l'impossible

Pour vous on dit des mensonges
Pour vous on fait des fausses promesses
Pour vous on transgresse les lois
Pour vous on oublie vite

Pour vous nous maltraitons les autres
Pour vous nous perdons notre faculté de juger
Pour vous nous restons fixés sur nos
passions
Pour vous nous ne connaissons plus rien

Pour vous nous créons des mots
Pour vous nous restons inquiet
pour vous nous brisons les interdits
Pour vous nous sommes fous

Pour vous on n'écoute plus
Pour vous on n'est plus libre
Pour vous on aime à outrance
Pour vous on vit un autre monde

La rencontre fortuite
À toi Magni Moffo Marlène Imelda. Aux souvenirs utiles du 22 mai 2022

Fruit d'une visite de courtoisie à une personne valeureuse
Rencontre fortuite
A la Chapelle de Bameboro
Le sourire à la colonne des chanteurs

Je revoyais le visage qui ne m'était pas étrange
Une mélodie jaillissante du fond de ses cordes vocales
Des pas de danse singulier au rythme des tambours de chez-nous
C'était vraiment la précieuse Imelda

Une salutation de passage a coïncidé
Je contrôlais mon regard
J'admirais le chef-d'œuvre
Je redisais mes aveux

Je devais supporter la fin de la célébration eucharistique
Et à l'abri de tout soupçon
La prendre dans mes bras en signe de reconnaissance
Voilà la plus belle action du jour !

Je bénis ce jour gracieux
Où le ciel m'a doté d'une merveille au cœur
chrétien
Au potentiel physique de rêve et au sourie
lumineux
Saint Joseph, priez pour nous !

Table des matières